Lekti Kreyòl

Repons
Liv Aktivite 1

Wilson Douce

Lekti Kreyòl Repons Liv Aktivite 1
By Wilson Douce

© Copyright Wilson Douce 2021
ISBN: 978-1-956241-09-9

ALL RIGHTS RESERVED. No part of this book may be reproduced, scanned or transmitted in any forms, digital, audio or printed, without the expressed written consent of the author.

Lekti Kreyòl - Repons Liv Aktivite 1 — W. Douce

Repons - Leson 1 - Vole Avyon - Vèb ak ekspresyon

Paj 1
1. Pase
2. Gade
3. Enterese
4. Enterese
5. Enterese
6. Pase
7. Pilote
8. Enterese
9. pase

Paj 2
1. a. pran
2. c. pilote
3. b. reyalize
4. e. pase
5. f. gade
6. g. enterese
7. i. satisfè
8. d. se te pasyon mwen
9. h. se

Paj 3
1. C. reyallize
2. A. satisfè
3. B. se te pasyon mwen
4. B. gade
5. B. enterese
6. C. se
7. D. pilote
8. B. pran
9. D. pase

Paj 4
1. Enterese
2. Gade
3. Se
4. Satisfè
5. Pase
6. Reyalize

Repons - Leson 2 - Yon Sesyon Mizik - Vokabilè

Repons - Leson 1 - Vole Avyon - Vokabilè

7. Se te pasyon mwen
8. Pran
9. Pilote

Paj 8
1. f. toujou
2. k. Bèljik
3. d. pasyon
4. e. tan
5. l. kontan
6. i. fanatik
7. c. jodiya
8. a. piti
9. j. avyon
10. m. lekol
11. h. elikoptè
12. b. pilòt
13. g. rèv

Paj 9
1. C. toujou
2. D. Lekòl
3. B. kontan
4. A. fanatik
5. A. Bèljik
6. B. avyon
7. C. rèv
8. A. piti
9. B. Elikoptè
10. D. Jodiya
11. C. Pilòt
12. C. pasyon
13. C. tan

Paj 10
1. Jodiya
2. kontan
3. Elikoptè
4. piti
5. tan
6. fanatik
7. Bèljik
8. pasyon
9. pilòt
10. toujou
11. lekòl
12. Avyon
13. Rèv

Repons - Leson 2 - Yon Sesyon Mizik - Vèb ak ekspresyon

Paj 12
1. klarinèt
2. klarinèt
3. bay
4. klarinèt
5. koumanse
6. klarinèt
7. klarinèt

Paj 13
1. c. tande
2. d. klarin
3. a. koumanse
4. b. renmen
5. e. santi
6. f. bay

Paj 14
1. D. tande
2. C. koumanse
3. D. klarin
4. D. santi
5. C. bay
6. D renmen

Repons - Leson 2 - Yon Sesyon Mizik - Vèb ak ekspresyon

Paj 15
1. renmen
2. tande
3. bay
4. Klarin
5. koumanse
6. santi

Paj 17-18
1. enstriman
2. amoni
3. flit
4. syèl
5. akòd
6. amoni
7. syèl
8. akòd
9. son
10. clarinet
11. flit
12. akòd

Paj 19
1. g. twonbòn
2. e. Enstriman
3. h. klarinèt
4. a. amoni
5. i. gita
6. b. Twonpèt
7. f. akòd
8. d. son
9. k. anpil
10. j. van
11. l. flit
12. c. syèl

Paj 20
1. D. amoni
2. C. twonbòn
3. B. gita
4. C. klarinèt
5. C. van
6. D. syèl
7. D. Enstriman
8. A. flit
9. D. anpil
10. A. son
11. B. akòd
12. B. Twonpèt

Paj 21
1. twonbòn
2. son
3. amoni
4. Enstriman
5. van
6. Twonpèt
7. flit
8. syèl
9. akòd
10. klarinèt
11. anpil
12. gita

Repons - Leson 3 - Fè Laglisad - Vèb

Paj 23
1. gen
2. fèmen
3. moute
4. chita
5. fèmen
6. gen
7. chita
8. chita

Paj 24
1. a. gen
2. d. Se
3. e. se pa te
4. h. moute
5. c. pran prekosyon
6. f. sonje
7. g. chita
8. b. fèmen

Paj 25
1. A. fèmen
2. C. pran prekosyon
3. C. chita
4. A. Se
5. B. Sonje
6. A. se pa te
7. B. moute
8. C. gen

Repons - Leson 3 - Fè Laglisad - Vèb

Paj 26
1. fèmen
2. pran prekosyon
3. gen
4. chita
5. moute
6. Se
7. sonje
8. se pa te

Repons - Leson 3 - Fe Laglisad - Vokabilè

Paj 28
1. amizman
2. grav
3. grafonyen
4. amizman
5. grafonyen
6. grafonyen
7. amizman
8. grav

Paj 29
1. d. plezi
2. a. katon
3. g. amizman
4. e. zanmi
5. h. laglisad
6. f. pafwa
7. c. grav
8. b. grafonyen

Paj 30
1. B. grafonyen
2. C. plezi
3. B. grav
4. D. amizman
5. B. pafwa
6. A. zanmi
7. B. katon
8. A. laglisad

Paj 31
1. plezi
2. laglisad
3. amizman
4. grav
5. katon
6. grafonyen
7. zanmi
8. Pafwa

Repons - Leson 4 - Nan Yon Match - Vèb

Paj 33
1. pran
2. pouse
3. kale
4. koumanse
5. gade
6. koumanse
7. kale
8. reyini
9. rive
10. koumanse
11. pouse

Paj 34
1. d. pouse
2. g. rive
3. c. reyini
4. k. kale
5. i. trible
6. j. siveje
7. e. Gade
8. a. soufle
9. h. sonnen
10. f. pran
11. b. koumanse

Lekti Kreyòl - Repons Liv Aktivite 1   W. Douce

Paj 35
1. B. kale
2. D. Gade
3. B. pran
4. A. seveye
5. C. pouse
6. C. sonnen
7. B. rive
8. C. trible
9. B. koumanse
10. A. soufle
11. B. reyini

Paj 36
1. kale
2. koumanse
3. trible
4. Gade
5. sonnen
6. siveye
7. reyini
8. rive
9. pouse
10. soufle
11. pran

Repons - Leson 4 - Nan Yon Match - Vokabilè

Paj 38
1. beng
2. moun
3. abit
4. abit
5. ekip
6. foutbòl
7. ekip
8. gade
9. ekip
10. reyini
11. foutbòl
12. jwè

Paj 39
1. b. jwè
2. c. tèlman
3. e. beng
4. f. foutbòl
5. d. moun
6. a. ekip
7. g. Abit

Paj 40
1. B. jwè
2. C. tèlman
3. B. Abit
4. C. beng
5. B. foutbòl
6. C. ekip
7. D. moun

Paj 41
1. jwè
2. foutbòl
3. Abit
4. beng
5. moun
6. tèlman
7. ekip

Repons - Leson 5 - Bato Tonton Mwen An - Vèb

Paj 43
1. achte
2. bato a bèl
3. koule
4. achte
5. li pi gwo
6. li pi gwo
7. li pi gwo
8. koule
9. koule

Paj 44
1. d. travay
2. a. Bato a bèl
3. h. koule
4. f. Se
5. g. pote
6. i. Prale
7. e. li pi gwo
8. b. achte
9. c. renmen

Paj 45
1. B. pote
2. C. koule
3. C. se
4. A. travay
5. A. li pi gwo
6. C. renmen
7. A. achte
8. A. prale
9. C. Bato a bèl

Paj 46
1. achte
2. renmen
3. koule
4. pote
5. Se
6. prale
7. li pi gwo
8. Bato a bèl
9. travay

Repons - Leson 5 - Bato Tonton Mwen An - Vokabilè

Paj 48
1. bagay
2. bagay
3. moun
4. bagay
5. Jeremi
6. Moun
7. Moun
8. Bagay
9. Bagay

Paj 49
1. d. bagay
2. g. maren
3. c. waf
4. b. Jeremi
5. e. chay
6. i. Bato
7. f. Tonton
8. a. moun
9. h. tay mwayèn

Paj 50
1. D. Tonton
2. C. moun
3. C. maren
4. D. Jeremi
5. A. bagay
6. A. tay mwayèn
7. C. Bato
8. A. chay
9. C. waf

Lekti Kreyòl - Repons Liv Aktivite 1   W. Douce

Paj 51
1. moun
2. bagay
3. Tonton
4. Jeremi
5. tay mwayèn
6. waf
7. maren
8. chay
9. Bato

Repons - Leson 6 - Jwèt Bòlèt - Vèb

Paj 53
1. Jwe
2. Jwe
3. Ale
4. Ale
5. Jwe
6. Genyen
7. ale
8. jwe
9. ale
10. ale

Paj 54
1. d. se
2. f. renmen
3. e. genyen
4. h. pran
5. j. jwenn
6. a. pote
7. i. ale
8. g. reve
9. c. meprize
10. b. jwe

Paj 55
1. D. pote
2. C. jwenn
3. D. jwe
4. A. se
5. D. meprize
6. C. pran
7. A. renmen
8. A. genyen
9. C. reve
10. C. ale

Paj 57
1. pran
2. pote
3. reve
4. jwenn
5. renmen
6. se
7. ale
8. genyen
9. jwe
10. meprize

Repons - Leson 6 - Jwèt Bòlèt - Vokabilè

Paj 58
1. bòlèt
2. capital
3. bank
4. bank
5. capital
6. pwovens
7. bank
8. non
9. bank
10. capital
11. fanmi
12. bank

Paj 59
1. i. traka
2. d. bòlèt
3. b. kapital
4. g. fanmi
5. j. non
6. e. pwovens
7. l. toutan
8. h. bank
9. a. rèv
10. c. rich
11. k. ranman
12. f. nimewo

Paj 60
1. B. bank
2. C. kapital
3. B. rich
4. B. pwovens
5. B. traka
6. A. bòlèt
7. C. nimewo
8. D. toutan
9. C. rèv
10. A. fanmi
11. C. Raman
12. D. non

Paj 61
1. toutan
2. nimewo
3. bank
4. bòlèt
5. Raman
6. traka
7. fanmi
8. rèv
9. non
10. pwovens
11. rich
12. capital

Repons - Leson 6 - Jwèt Bòlèt - Vokabilè

Paj 63
1. fèk soti
2. fèk soti
3. gen
4. fini
5. fèk soti
6. kite
7. gen

Repons - Leson 7 - Tounen Nan Travay - Vèb

Paj 64
1. g. fini
2. c. gen
3. b. kite
4. a. tounen
5. d. rewè
6. e. rekòmanse
7. f. fèk soti

Paj 65
1. C. fèk soti
2. B. rekòmanse
3. B. rewè
4. B. tounen
5. A. fini
6. D. kite
7. A. gen

Paj 66
1. fèk soti
2. rekòmanse
3. fini
4. rewè
5. tounen
6. kite
7. gen

Lekti Kreyòl - Repons Liv Aktivite 1 W. Douce

Repons - Leson 7 - Tounen Nan Travay - Vokabilè

Paj 68
1. kontan
2. kominote
3. kontan
4. dispozisyon
5. kliyan
6. kliyan
7. dispozisyon
8. kominote

Paj 69
1. d. repo
2. c. kontan
3. f. dispozisyon
4. b. Vakans
5. e. kominote
6. h. kliyan
7. g. magazen
8. a. madanm

Paj 70
1. D. kominote
2. B. dispozisyon
3. C. kontan
4. D. kliyan
5. B. magazen
6. C. madanm
7. C. repo
8. D. Vakans

Paj 71
1. magazen
2. dispozisyon
3. kominote
4. repo
5. madanm
6. kontan
7. kliyan
8. Vakans

Repons - Leson 8 - Lanjelis - Vèb

Paj 73
1. disparèt
2. Kòmanse
3. fèk
4. fèk
5. disparèt
6. efase
7. kache
8. boure
9. fèk

Paj 74
1. f. se
2. a. tounen
3. g. kòmanse
4. e. kache
5. c. fèk
6. d. mache
7. h. efase
8. b. disparèt
9. i. boure

Paj 75
1. C. efase
2. B. fèk
3. B. kòmanse
4. C. tounen
5. A. kache
6. B. mache
7. B. boure
8. A. disparèt
9. B. se

Paj 76
1. boure
2. se
3. tounen
4. fèk
5. disparèt
6. kache
7. efase
8. kòmanse
9. mache

Paj 78
1. jounen
2. firanmezi
3. jounen
4. jounen
5. firanmezi
6. firanmezi

Repons - Leson 8 - Lanjelis - Vokabilè

Paj 79
1. a. lakay
2. f. jounen
3. d. labrim
4. c. setè
5. b. Firanmezi
6. e. popyè

Paj 80
1. A. labrim
2. C. setè
3. B. lakay
4. D. jounen
5. D. popyè
6. A. Firanmezi

Paj 81
1. Firanmezi
2. setè
3. labrim
4. jounen
5. lakay
6. popyè

Repons - Leson 9 - Yon Pye Kenèp Mal - Vèbs

Paj 83
1. gen
2. rive
3. fè
4. fè
5. fè
6. fè
7. gen
8. kage
9. joure

Paj 84
1. a. Se
2. c. soufle
3. f. resevwa
4. b. kage
5. h. joure
6. e. rive
7. i. fè
8. g. renmen
9. d. gen

Lekti Kreyòl - Repons Liv Aktivite 1   W. Douce

Paj 85
1. A. resevwa
2. A. joure
3. A. gen
4. C. kage
5. C. soufle
6. D. Se
7. C. fè
8. A. rive
9. A. renmen

Paj 86
1. Se
2. kage
3. renmen
4. joure
5. rive
6. fè
7. resevwa
8. gen
9. soufle

Paj 88
1. lajounen
2. kenèp
3. frechè
4. kenèp
5. frechè
6. frechè
7. labriz diswa
8. kenèp
9. labriz diswa
10. frechè
11. lonbray

Repons - Leson 9 - Yon Pye Kenèp Mal - Vokabilè

Paj 89
1. h. frechè
2. e. lonbraj
3. i. kenèp
4. g. lajounen
5. a. labriz diswa
6. d. Tanzantan
7. j. zòrèy
8. k. sa
9. b. lakay
10. f. pajanm
11. c. poukisa

Paj 90
1. A. kenèp
2. A. pajanm
3. A. lakay
4. C. labriz diswa
5. D. zòrèy
6. D. lonbraj
7. A. frechè
8. C. sa
9. C. lajounen
10. D. Tanzantan
11. D. poukisa

Paj 91
1. labriz diswa
2. pajanm
3. lakay
4. lonbraj
5. poukisa
6. zòrèy
7. Tanzantan
8. frechè
9. lajounen
10. sa
11. kenèp

Paj 93
1. gen
2. di
3. deraye
4. di
5. gen moun
6. gen
7. deraye
8. di
9. gen moun anraje

Repons - Leson 10 - Aparans E Karaktè Moun - Vèb ak ekspresyon

Paj 94
1. i. pale
2. c. gen moun tèt drèt
3. h. gen
4. b. gen moun anraje
5. e. pale klè
6. d. di
7. g. kenbe
8. a. deraye
9. f. Gen moun

Paj 95
1. C. gen moun tèt drèt
2. B. Gen moun
3. B. deraye
4. A. pale
5. A. kenbe
6. A. gen moun anraje
7. D. gen
8. A. di
9. C. pale klè

Paj 96
1. gen
2. di
3. gen moun anraje
4. deraye
5. Gen moun
6. pale klè
7. pale
8. gen moun tèt drèt
9. kenbe

Paj 97
1. latè
2. dlo kòk
3. latè
4. latè
5. anraje
6. anraje
7. anraje
8. late
9. anraje

Repons - Leson 10 - Aparans E Karaktè Moun - Vokabilè

Paj 98
1. e. travayan
2. h. mens
3. c. dlo kòk
4. f. depaman
5. d. Ostrali
6. g. anraje
7. a. Pwovèb
8. b. Moun
9. i. latè

Lekti Kreyòl - Repons Liv Aktivite 1   W. Douce

Paj 99
1. C. latè
2. C. anraje
3. B. travayan
4. B. mens
5. D. depaman
6. C. Moun
7. D. Ostrali
8. B. dlo kòk
9. C. Pwovèb

Paj 100
1. Pwovèb
2. travayan
3. Ostrali
4. depaman
5. anraje
6. mens
7. latè
8. Moun
9. dlo kòk

Repons - Leson 11 - Yon Lèt Bay Manman Mwen - Vèb

Paj 102-103
1. Petyonvil
2. ekri
3. ekri
4. priye
5. fè
6. moun
7. koze
8. fè
9. ban
10. ban
11. koze
12. fè
13. ban

Paj 104
1. k. rete
2. i. koze
3. b. priye
4. i. ye
5. c. rache
6. a. fe
7. h. renmen
8. e. sonje
9. g. konnen
10. m. ekri
11. f. Petyonvil
12. D. Pote
13. I. ban

Paj 105
1. D. fè
2. D. Pote
3. C. renmen
4. D. Ban
5. B. ekri
6. D. rache
7. A. rete
8. A. Petyonvil
9. C. sonje
10. C. konnen
11. C. koze
12. A. ye
13. A. priye

Paj 106
1. fè
2. priye
3. renmen
4. rete
5. Petyonvil
6. sonje
7. Ban
8. koze
9. ekri
10. konnen
11. ye
12. rache
13. Pote

Repons - Leson 11 - Yon Lèt Bay Manman Mwen - Vokabilè

Paj 108-109
1. Bondye
2. Cheri
3. lakontantman
4. lakontantman
5. fado
6. mwen menm
7. Bondye
8. anpil
9. Bondye
10. Lakontantman
11. fado
12. nouvèl
13. nouvèl
14. nouvèl
15. cheri

Paj 110
1. h. Petyonvil
2. n. Pitit gason
3. a. cheri
4. b. tris
5. o. fado
6. j. nouvel
7. d. lakontantman
8. l. Mwen menm
9. i. anpil
10. e. tout moun
11. k. Tanpri
12. f. lontan
13. c. soulajman
14. g. sèten
15. m. Bondye

Paj 111
1. B. Petyonvil
2. A. Pitit gason
3. B. Tanpri
4. A. sèten
5. B. tris
6. C. Bondye
7. B. fado
8. B. soulajman
9. C. Mwen menm
10. A. nouvel
11. A. lontan
12. A. cheri
13. B. lakontantman
14. C. tout moun
15. C. anpil

Repons - Leson 11 - Yon Lèt Bay Manman Mwen - Vokabilè

Paj 112
1. tris
2. seten
3. Mwen menm
4. lontan
5. Bondye
6. cheri
7. Soulajman
8. anpil
9. nouvel
10. Pitit gason
11. fado
12. Petyonvil
13. tout moun
14. lakontantman
15. Tanpri

Lekti Kreyòl - Repons Liv Aktivite 1   W. Douce

Repons - Leson 12 - Nan Lopital - Vèb ak ekspresyon

Paj 114
1. gen
2. fè
3. ale
4. kouche
5. gen
6. ganyen
7. fè
8. ale
9. ganyen
10. fè

Paj 115
1. h. gen
2. c. sa di anpil
3. e. wè
4. f. kouche
5. g. soufri
6. i. ale
7. d. Ganyen
8. a. se akoz
9. j. vizite
10. b. fè

Paj 116
1. A. ale
2. D. fe
3. A. soufri
4. C. Ganyen
5. D. se akoz
6. C. we
7. C. kouche
8. B. gen
9. C. sa di anpil
10. C. vizite

Paj 117
1. se akoz
2. soufri
3. wè
4. gen
5. vizite
6. kouche
7. sa di anpil
8. fè
9. ale
10. Ganyen

Repons - Leson 12 - Nan Lopital - Vokabilè

Paj 119
1. chiriji
2. kouraj
3. enpridans
4. moun
5. aksidan
6. kouraj
7. lapenn
8. enpridans
9. moun
10. enpridans
11. enpridans

Paj 120
1. h. chiriji
2. c. aksidan
3. a. kouraj
4. e. òtopedi
5. d. malnitrisyon
6. b. lopital
7. k. lapenn
8. g. zantray
9. i. tibekiloz
10. f. moun
11. j. enpridans

Paj 121
1. D. enpridans
2. A. zantray
3. D. kouraj
4. D. lapenn
5. C. lopital
6. B. aksidan
7. D. tibekiloz
8. A. chiriji
9. B. òtopedi
10. D. moun
11. C. malnitrisyon

Paj 122
1. òtopedi
2. lopital
3. malnitrisyon
4. chiriji
5. lapenn
6. moun
7. enpridans
8. zantray
9. tibèkiloz
10. aksidan
11. kouraj

Paj 124
1. fèt
2. fèt
3. fè
4. fè
5. gen
6. gen
7. fè
8. fè
9. gen

Repons - Leson 13 - Yon Ti Tonèl - Vèb ak ekspresyon

Paj 125
1. g. fè
2. b. Se
3. h. Se pa vre
4. i. fet
5. e. Malgre sa
6. f. trese
7. c. se pa
8. a. gen
9. d. sevi ak

Paj 126
1. C. fè
2. B. trese
3. D. Se pa vre
4. C. se pa
5. A. gen
6. C. sèvi ak
7. B. Malgre sa
8. D. fèt
9. C. Se

Paj 127
1. fèt
2. Se pa vre
3. gen
4. sèvi ak
5. fe
6. se pa
7. trese
8. Malgre sa
9. Se

Lekti Kreyòl - Repons Liv Aktivite 1 W. Douce

Repons - Leson 13 - Yon Ti Tonèl - Vèb ak ekspresyon

Paj 128
1. a. Se
2. b. Malgre sa
3. f. fè
4. e. se pa
5. c. gen
6. h. fèt
7. i. sèvi ak
8. g. Se pa vre
9. d. trese

Paj 129-130
1. kokoye
2. kajou
3. kokoye
4. kokoye
5. gonmye
6. kajou
7. gonmye
8. anyen ditou
9. malerezman
10. anyen ditou
11. kajou
12. anpil fwa
13. chenn

Repons - Leson 13 - Yon Ti Tonèl - Vokabilè

Paj 131
1. i. gonmye
2. c. pay
3. a. Malerezman
4. h. Anpil fwa
5. m. kokoye
6. e. kokoye
7. b. solid
8. j. tribò babò
9. k. chenn
10. d. tonè
11. f. kajou
12. g. anyen ditou
13. l. travay

Paj 132
1. D. tonèl
2. A. tribò babò
3. C. Malerezman
4. A. chenn
5. A. pay
6. B. kokoye
7. A. kokoye
8. D. solid
9. A. travay
10. D. kajou
11. B. Anpil fwa
12. C. anyen ditou
13. B. gonmye

Repons - Leson 13 - Yon Ti Tonèl - Vokabilè

Paj 133
1. Malerezman
2. kokoye
3. chenn
4. pay
5. travay
6. kokoye
7. gonmye
8. solid
9. Anpil fwa
10. tonèl
11. kajou
12. anyen ditou
13. tribò babò

Repons - Leson 14 - Bòs Fòmann - Vèb ak ekspresyon

Paj 135
1. pase
2. bati
3. bati
4. bezwen
5. bati
6. moso
7. pase
8. bati

Paj 136
1. d. bezwen
2. a. moso
3. e. dwe
4. h. pase
5. g. sipèvize
6. b. bati
7. f. rete
8. c. pi gwo moso

Paj 137
1. A. rete
2. A. sipèvize
3. A. pase
4. B. bezwen
5. C. moso
6. D. pi gwo moso
7. D. dwe
8. A. bati

Paj 138
1. sipèvize
2. pi gwo moso
3. pase
4. bati
5. dwe
6. moso
7. rete
8. bezwen

Repons - Leson 14 - Bòs Fòmann - Vokabilè

Paj 139
1. chantye
2. chantye
3. detay
4. enjenyè
5. enjenyè
6. detay
7. nòmalman
8. detay
9. fòmann
10. detay

Paj 140
1. d. enjenyè
2. i. oubyen
3. c. fòmann
4. e. travay
5. b. moso
6. a. toutan
7. f. ouvriye
8. g. chantye
9. j. detay
10. h. nòmalman

Paj 141
1. D. oubyen
2. A. ouvriye
3. D. toutan
4. D. enjenyè
5. D. fòmann
6. A. travay
7. D. detay
8. A. moso
9. B. nòmalman
10. A. chantye

Lekti Kreyòl - Repons Liv Aktivite 1   W. Douce

Paj 142
1. travay
2. moso
3. toutan
4. fomann
5. detay
6. nomalman
7. ouvriye
8. enjenye
9. chantye
10. oubyen

Repons - Leson 15 - Yon Travay Faktori - Vèb ak ekspresyon

Paj 143
1. goumen
2. fè
3. goumen
4. leve
5. fè
6. devore
7. fè
8. pa pral
9. mouri grangou
10. goumen
11. leve
12. manje

Paj 144
1. l. fè
2. f. manje
3. d. goumen
4. h. mouri grangou
5. b. leve
6. a. senyen
7. i. viv
8. j. nan bout di
9. k. travay
10. g. devore
11. e. mouri
12. c. pa pral

Repons - Leson 15 - Yon Travay Faktori - Vèb ak ekspresyon

Paj 145
1. C. nan bout di
2. A. mouri
3. D. travay
4. A. fè
5. C. pa prat
6. A. viv
7. D. mouri grangou
8. C. leve
9. C. manje
10. A. senyen
11. C. goumen
12. D. devore

Paj 146
1. fè
2. nan bout di
3. devore
4. viv
5. senyen
6. manje
7. leve
8. goumen
9. pa pral
10. mouri grangou
11. mouri
12. travay

Paj 148
1. pral
2. antre
3. fè
4. fè
5. fin gen
6. fin gen
7. fin gen
8. fè
9. antre
10. mande
11. fè
12. fin gen

Repons - Leson 15 - Yon Travay Faktori - Vokabilè

Paj 149
1. a. moun
2. k. byen
3. e. bezbòl
4. h. lekòl
5. i. zegwi
6. g. lamizè
7. f. oubyen
8. b. faktori
9. d. malad
10. j. dyòb
11. c. bonè

Paj 150
1. C. moun
2. C. oubyen
3. C. bezbòl
4. C. dyòb
5. B. lamizè
6. C. byen
7. C. bonè
8. D. malad
9. B. lekòl
10. B. faktori
11. B. zegwi

Paj 151
1. dyòb
2. lamize
3. zegwi
4. moun
5. faktori
6. malad
7. byen
8. bezbol
9. lekòl
10. oubyen
11. bone

Repons - Leson 16 - Yon Kous Moto - Vèb ak ekspresyon

Paj 152
1. konnen
2. fè mouvman
3. konnen
4. fè mouvman
5. fè mouvman
6. double
7. fè mouvman
8. double
9. genyen

Paj 153
1. d. pran
2. h. konnen
3. g. pral
4. a. renmen
5. c. fè mouvman
6. f. double
7. b. genyen
8. e. pèdi
9. i. Kòk kalite

Paj 154
1. D. konnen
2. A. renmen
3. A. Kòk kalite
4. C. pèdi
5. A. fè mouvman
6. C. pral
7. B. double
8. D. pran
9. A. genyen

Lekti Kreyòl - Repons Liv Aktivite 1   W. Douce

Paj 155
1. konnen
2. fè mouvman
3. double
4. Kòk kalite
5. pran
6. genyen
7. renmen
8. pèdi
9. pral

Repons - Leson 16 - Yon Kous Moto - Vokabilè

Paj 156
1. kalòt
2. frè
3. gagè
4. gage
5. frè
6. kontan
7. kalòt
8. kalòt
9. kalòt

Paj 157
1. i. gagè
2. f. kalòt
3. b. motosiklis
4. d. frè
5. c. mouvman
6. e. moto
7. g. manje
8. h. kontan
9. a. tankou

Paj 158
1. D. manje
2. C. motosiklis
3. B. gagè
4. C. kalòt
5. A. frè
6. C. moto
7. A. tankou
8. B. kontan
9. D. mouvman

Paj 159
1. tankou
2. manje
3. mouvman
4. kalòt
5. motosiklis
6. gagè
7. moto
8. frè
9. kontan

Repons - Leson 17 - Nan Makèt La - Vèn ak ekspresyon

Paj 160
1. enspekte
2. achte
3. ale
4. mache
5. achte
6. gade
7. achte
8. fè
9. ale
10. achte

Paj 161
1. a. gade
2. b. tcheke
3. f. fè
4. j. renmen
5. h. enspekte
6. d. mache
7. e. pote
8. i. ale
9. g. manyen
10. c. achte

Paj 162
1. D. fè
2. B. ale
3. A. renmen
4. D. achte
5. B. mache
6. A. enspekte
7. D. gade
8. A. manyen
9. B. tcheke
10. C. pote

Paj 163
1. gade
2. tcheke
3. manyen
4. enspekte
5. renmen
6. ale
7. fè
8. mache
9. pote
10. achte

Paj 164-165
1. anndan
2. anndan
3. manyen
4. makèt
5. anvan
6. agoch
7. adwat
8. agoch
9. adwat
10. janbon
11. diri
12. frè
13. janbon
14. anvan
15. manyen

Repons - Leson 17 - Nan Makèt La - Vokabilè

Paj 166
1. l. manyen
2. j. makèt
3. c. vitrin
4. d. adwat
5. h. vyann
6. e. mayi
7. n. diri
8. o. sandwitch
9. m. janbon
10. g. anvan
11. i. anndan
12. a. agoch
13. k. montadèl
14. f. frè
15. b. Paske

Paj 167
1. D. Paske
2. A. vyann
3. A. montadèl
4. D. anvan
5. A. mayi
6. B. adwat
7. C. makèt
8. A. agoch
9. A. sandwitch
10. C. diri
11. A. vitrin
12. D. anndan
13. D. janbon
14. B. manyen
15. A. frè

Lekti Kreyòl - Repons Liv Aktivite 1   W. Douce

Repons - Leson 17 - Nan Makèt La - Vokabilè

Paj 168
1. manyen
2. vyann
3. diri
4. frè
5. anndan
6. anvan
7. vitrin
8. makèt
9. mayi
10. adwat
11. Paske
12. agoch
13. janbon
14. montadèl
15. sandwitch

Repons - Leson 18 - Monte Bisiklèt - Vèb ak ekspresyon

Paj 169
1. monte
2. dekouraje
3. kite
4. kenbe
5. kenbe
6. dekouraje
7. dekouraje
8. kite
9. kenbe
10. pran

Paj 170
1. g. se
2. j. kouri
3. a. tonbe
4. e. kenbe
5. d. pran
6. c. kite
7. h. dekouraje
8. i. panse
9. f. monte
10. b. renmen

Paj 171
1. A. renmen
2. B. se
3. D. panse
4. D. kenbe
5. C. pran
6. D. monte
7. B. kite
8. A. dekouraje
9. A. kouri
10. D. tonbe

Paj 172
1. dekouraje
2. tonbe
3. kenbe
4. panse
5. monte
6. pran
7. kouri
8. kite
9. se
10. renmen

Paj 173
1. bagay
2. bekàn
3. bagay
4. bekàn
5. men
6. anpil
7. bagay
8. anpil
9. kounyeya
10. bisiklèt
11. anpil

Repons - Leson 18 - Monte Bisiklèt - Vokabilè

Paj 174
1. b. tou
2. c. Men
3. k. difisil
4. j. bisiklèt
5. f. anpil
6. a. kounyeya
7. g. bagay
8. e. pèsonn
9. h. bekàn
10. d. dekouraje
11. i. wou

Paj 175
1. B. kounyeya
2. C. difisil
3. A. pèsonn
4. C. bekàn
5. A. bisiklèt
6. D. bagay
7. D. Men
8. C. tou
9. A. dekouraje
10. B. anpil
11. C. wou

Paj 176
1. anpil
2. bekàn
3. wou
4. bagay
5. difisil
6. Men
7. pèsonn
8. dekouraje
9. tou
10. kounyeya
11. bisiklèt

Repons - Leson 19 - Nan Mache - Vèb ak ekspresyon

Paj 177
1. achte
2. grandi
3. renmen
4. achte
5. achte
6. rasanble
7. gen
8. gen
9. mete
10. gen
11. renmen
12. achte

Paj 178
1. j. gen
2. b. yo tout byen bèl
3. f. yo tout byen fre
4. a. achte
5. e. vini
6. c. renmen
7. i. rasanbie
8. d. mete
9. G. reyini
10. i. santi bon
11. h. grandi
12. k. gen

Paj 179
1. B. rasanble
2. D. reyini
3. B. grandi
4. D. mete
5. D. renmen
6. B. yo tout byen bèl
7. C. vini
8. B. yo tout byen fre
9. A. santi bon
10. A. achte
11. A. gen
12. B. gen

Lekti Kreyòl - Repons Liv Aktivite 1   W. Douce

Paj 180
1. gen
2. achte
3. santi bon
4. vini
5. rasanble
6. grandi
7. yo tout byen fre
8. gen
9. mete
10. renmen
11. yo tout byen bèl
12. reyini

Repons - Leson 19 - Nan Mache - Vokabilè

Paj 181-182
1. chalè
2. machann
3. pitimi
4. sou bèt
5. pratik
6. bannann
7. bannann
8. machann
9. bannann
10. bannann
11. bannann
12. mache
13. chalè
14. bannann
15. mache
16. paran

Paj 183
1. m. sapoti
2. d. mango
3. a. Machann
4. b. yanm
5. h. Yo tout
6. k. bannann
7. j. chalè
8. l. vyann
9. o. sou bèt
10. e. pitimi
11. n. Pratik
12. c. sereyal
13. g. legim
14. p. paran
15. f. zaboka
16. i. mache

Paj 184 -185
1. C. sapoti
2. B. zaboka
3. A. yanm
4. C. Machann
5. C. sou bèt
6. D. legim
7. A. pitimi
8. B. Pratik
9. B. mache
10. D. bannann
11. A. paran
12. A. sereyal
13. D. chalè
14. A. Yo tout
15. D. mango
16. C. vyann

Repons - Leson 19 - Nan Mache - Vokabilè

Paj 186
1. chalè
2. legim
3. paran
4. vyann
5. Yo tout
6. bannann
7. sapoti
8. pitimi
9. mache
10. yanm
11. Pratik
12. zaboka
13. mango
14. sou bèt
15. Machann
16. sereyal

Repons - Leson 20 - Pran Taptap - Vèb ak ekspresyon

Paj 187
1. chita
2. bije
3. chita
4. chita
5. gade
6. ala
7. ala
8. frappe
9. ala
10. bije
11. ala
12. frappe

Paj 188
1. b. Gade
2. d. tèt chaje
3. c. pran
4. i. bije
5. h. youn sou lòt
6. j. Ala
7. g. konnen
8. e. goumen
9. i. kwense
10. f. frape
11. a. rale
12. k. chita

Paj 189
1. C. pran
2. B. Gade
3. C. youn sou lòt
4. A. chita
5. B. konnen
6. A. rale
7. B. bije
8. A. frape
9. C. kwense
10. B. Ala
11. A. tet chaje
12. D. goumen

Paj 190
1. konnen
2. Gade
3. bije
4. pran
5. Ala
6. tet chafe
7. frape
8. rale
9. kwense
10. goumen
11. chita
12. youn sou lòt

Repons - Leson 20 - Pran Taptap - Vokabilè

Paj 191
1. egoyis
2. egoyis
3. pafwa
4. kwen
5. egoyis
6. kwen
7. egoyis
8. egoyis
9. egoyis
10. ala

Paj 192
1. e. wout
2. j. lavi
3. g. Pafwa
4. a. plas
5. h. taptap
6. d. peyi
7. b. moun
8. i. egoyis
9. f. traje
10. c. kwen

Paj 193
1. D. plas
2. B. traje
3. D. peyi
4. A. egoyis
5. B. taptap
6. D. moun
7. A. lavi
8. B. kwen
9. A. wout
10. A. Pafwa

Paj 194
1. trajè
2. kwen
3. wout
4. peyi
5. Pafwa
6. taptap
7. lavi
8. egoyis
9. moun
10. plas

Repons - Leson 21 - Ale Nan Lanmè - Vèb ak ekspresyon

Paj 195-196
1. fini
2. ale
3. bezwen
4. anbake
5. deside
6. pran
7. monte
8. benyen
9. monte
10. ale
11. benyen
12. ale
13. fini
14. ale
15. bay kalinda
16. anbake
17. ale
18. anbake

Paj 197
1. h. monte
2. n. yon bon valè
3. c. benyen
4. o. fini
5. k. pran
6. l. anbake
7. q. to gen tan gen
8. f. naje
9. b. bay kalinda
10. j. deside
11. e. rive
12. p. ale
13. g. tounen lakay
14. d. tranpe
15. m. mache
16. a. anbake
17. r. tranpe
18. i. bezwen

Paj 198-199
1. B. rive
2. C. bezwen
3. C. bay kalinda
4. C. benyen
5. D. deside
6. C. yon bon valè
7. C. tranpe
8. A. to gen tan gen
9. D. fini
10. B. ale
11. B. anbake
12. A. pran
13. C. monte
14. B. mache
15. B. anbake
16. B. tranpe
17. B. naje
18. B. tounen lakay

Repons - Leson 21 - Ale Nan Lanmè - Vèb ak ekspresyon

Paj 200
1. tranpe
2. anbake
3. monte
4. deside
5. naje
6. rive
7. pran
8. ale
9. mache
10. fini
11. bezwen
12. bay kalinda
13. yon bon valè
14. tounen lakay
15. tranpe
16. to gen tan gen
17. benyen
18. anbake

Repons - Leson 21 - Ale Nan Lanmè - Vokabilè

Paj 201-202
1. chanm
2. chaloup
3. lanmè
4. semèn
5. sab
6. dlo lanmè
7. chanm
8. plaj
9. chaloup
10. chanm
11. dlo lanmè
12. dlo lanmè
13. chanm
14. dlo lanmè
15. chaloup

Paj 203
1. j. lanmè
2. l. Samdi
3. d. plaj
4. K. Malerezman
5. e. madanm
6. i. chaloup
7. m. chanm
8. n. vwazen
9. f. sab
10. c. machin
11. b. granmoun
12. g. dlo lanmè
13. o. vandredi
14. h. Semèn
15. a. yo

Paj 204
1. D. chaloup
2. A. sab
3. B. Semèn
4. C. yo
5. D. plaj
6. B. madanm
7. C. granmoun
8. D. lanmè
9. C. vandredi
10. C. machin
11. C. vwazen
12. D. Samdi
13. B. Malerezman
14. A. chanm
15. D. dlo lanmè

Lekti Kreyòl - Repons Liv Aktivite 1 W. Douce

Repons - Leson 21 - Ale Nan Lanmè - Vokabilè

Paj 205
1. Samdi
2. machin
3. granmoun
4. dlo lanmè
5. chaloup
6. chanm
7. lanmè
8. Malerezman
9. vandredi
10. plaj
11. sab
12. madanm
13. vwazen
14. yo
15. Semèn

Repons - Leson 22 - Vwayaje Lòtbò Dlo - Vèb ak ekspresyon

Paj 206
1. pral
2. antre
3. fè
4. fè
5. fin gen
6. fin gen
7. fin gen
8. fè
9. antre
10. mande
11. fè
12. fin gen

Paj 207
1. c. fè
2. f. tcheke
3. i. pral
4. a. rive
5. b. fin gen
6. e. rantre
7. g. antre
8. j. vwayaje
9. d. mande
10. l. jwenn
11. h. sanbie
12. k. pran

Paj 208
1. A. rive
2. A. tcheke
3. A. mande
4. B. pral
5. B. antre
6. D. rantre
7. C. pran
8. D. fin gen
9. A. sanbie
10. D. fè
11. C. vwayaje
12. D. jwenn

Paj 209
1. vwayaje
2. rantre
3. jwenn
4. rive
5. pran
6. fin gen
7. mande
8. fè
9. tcheke
10. pral
11. antre
12. sanble

Repons - Leson 22 - Vwayaje Lòtbò Dlo - Vokabilè

Paj 210-211
1. paspò
2. Ozetazini
3. avyon
4. ayewopò
5. ayewopò
6. avyon
7. avyon
8. ayewopò
9. imigrasyon
10. demach
11. Kanada
12. Lafrans
13. Demach
14. ayewopò

Paj 212
1. k. stannbay
2. j. rezèvasyon
3. g. Lafrans
4. m. Ozetazini
5. f. avyon
6. c. zefè
7. a. demach
8. b. opalè
9. i. paspò
10. l. imigrasyon
11. e. viza
12. d. zwazo
13. n. ayewopò
14. h. Kanada

Paj 213
1. D. Lafrans
2. D. opalè
3. A. Ozetazini
4. D. Kanada
5. A. paspò
6. A. viza
7. A. avyon
8. A. zefè
9. B. stannbay
10. C. imigrasyon
11. A. rezèvasyon
12. B. demach
13. B. ayewopò
14. C. zwazo

Repons - Leson 22 - Vwayaje Lòtbò Dlo - Vokabilè

Paj 214
1. Kanada
2. zefè
3. zwazo
4. paspo
5. ayewopò
6. Lafrans
7. Ozetazini
8. demach
9. imigrasyon
10. viza
11. rezèvasyon
12. opalè
13. avyon
14. stannbay

Repons - Leson 23 - Yon Timoun Fèt - Vèb ak Ekspresyon

Paj 215
1. marye
2. fèk gen
3. kòmanse
4. marye
5. apèn
6. gade
7. se
8. gade
9. fèk gen
10. gade
11. fèk gen

Lekti Kreyòl - Repons Liv Aktivite 1   W. Douce

Paj 216
1. k. Apèn
2. a. se
3. i. marye
4. c. soufle
5. f. tou piti
6. b. tèt koupe
7. d. kòmanse
8. j. fèk gen
9. g. sanbie
10. e. konnen
11. h. Gade

Paj 217
1. C. tèt koupe
2. A. soufle
3. B. tou piti
4. B. komanse
5. A. fèk gen
6. B. marye
7. D. konnen
8. D. Gade
9. C. sanbie
10. D. se
11. D. Apèn

Paj 218
1. soufle
2. sanble
3. marye
4. Apèn
5. se
6. Gade
7. tèt koupe
8. fèk gen
9. tou piti
10. kòmanse
11. konnen

Paj 219
1. anmore
2. demen
3. bèso
4. afeksyon
5. afeksyon
6. afeksyon
7. afeksyon
8. bèso
9. afeksyon
10. bèso

Repons - Leson 23 - Yon Timoun Fèt - Vokabilè

Paj 220
1. g. ti bebe
2. b. afeksyon
3. a. Apèn
4. i. papa
5. d. anmore
6. c. demen
7. h. piti
8. f. bèso
9. j. depi
10. e. konbinezon

Paj 221
1. C. piti
2. C. Apèn
3. B. depi
4. C. anmore
5. D. bèso
6. A. afeksyon
7. A. ti bebe
8. A. konbinezon
9. B. demen
10. D. papa

Paj 222
1. piti
2. konbinezon
3. demen
4. papa
5. depi
6. anmore
7. bèso
8. Apèn
9. ti bebe
10. afeksyon

Repons - Leson 24 - Yon Ka Lanmò - Vèb ak Ekspresyon

Paj 223-224
1. flanm lanmou
2. leve
3. pale
4. kenbe
5. kenbe
6. leve
7. Ala
8. Leve
9. Rete
10. Refè
11. Ala
12. Ala
13. Flanm lanmou
14. Flanm lanmou
15. leve

Paj 225
1. a. touye
2. b. senyen
3. n. pale
4. d. mouri
5. k. tou limen
6. e. renmen
7. c. Ala
8. h. leve
9. m. Se to
10. f. voye
11. j. Se pa mwen sèlman
12. o. rete
13. i. flanm lanmou
14. g. refè
15. l. kenbe

Paj 226
1. B. touye
2. C. leve
3. A. senyen
4. C. kenbe
5. D. tou limen
6. D. Ala
7. B. voye
8. A refè
9. D. rete
10. B. renmen
11. C. Se to
12. B. flanm lanmou
13. B. Se pa mwen sèlman
14. D. pale
15. A. mouri

Repons - Leson 24 - Yon Ka Lanmò - Vèb ak Ekspresyon

Paj 227
1. senyen
2. leve
3. pale
4. tou limen
5. kenbe
6. mouri
7. renmen
8. Se pa mwen sèlman
9. touye
10. rete
11. voye
12. refè
13. flanm lanmou
14. Ala
15. Se to

Lekti Kreyòl - Repons Liv Aktivite 1   W. Douce

Repons - Leson 24 - Yon Ka Lanmò - Vokabilè

Paj 228-229
1. dènye
2. dènye
3. lakay
4. granmoun
5. flanm lanmou
6. granmoun
7. malad
8. granmoun
9. flanm lanmou
10. dènye
11. granmoun
12. dènye
13. granmoun
14. flanm lanmou

Paj 230
1. b. malad
2. h. lya
3. a. granmoun
4. i. dènye
5. g. Maladi
6. d. vwazinaj
7. j. flanm lanmou
8. e. tris
9. m. lakay
10. c. tas kafe
11. k. madi
12. n. vye sò
13. l. granmoun
14. f. kè

Paj 231
1. B. flanm lanmou
2. C. malad
3. B. granmoun
4. A. kè
5. A. dènye
6. A. lakay
7. D. tas kafe
8. C. tris
9. D. vye sò
10. B. lya
11. C. madi
12. C. Maladi
13. C. granmoun
14. A. vwazinaj

Repons - Leson 24 - Yon Ka Lanmò - Vokabilè

Paj 232
1. vye sò
2. madi
3. malad
4. flanm lanmou
5. granmoun
6. granmoun
7. dènye
8. kè
9. tris
10. lya
11. tas kafe
12. Maladi
13. lakay
14. vwazinaj

Repons - Leson 25 - Anbago - Vèb ak Ekspresyon

Paj 233
1. chanje
2. bèl tankou pèl
3. depafini
4. bèl tankou pèl
5. fòme
6. depafini
7. bèl tankou pèl
8. fin
9. poze
10. fin
11. fin

Paj 234
1. b. Kè sere
2. h. fòme
3. f. fin
4. k. poze
5. j. trip kòde
6. c. depafini
7. g. chanje
8. i. koumanse
9. e. soti
10. a. bèl tankou pèl
11. d. vin pòtre

Paj 235
1. C. bèl tankou pèl
2. B. koumanse
3. C. chanje
4. A. fòme
5. A. fin
6. A. depafini
7. C. vin pòtre
8. D. poze
9. B. trip kòde
10. C. Kè sere
11. D. soti

Paj 236
1. Kè sere
2. depafini
3. chanje
4. vin pòtre
5. soti
6. trip kòde
7. poze
8. bèl tankou pèl
9. fòme
10. koumanse
11. fin

Repons - Leson 25 - Anbago - Vokabilè

Paj 237
1. anbago
2. deyò
3. konsyans
4. anbago
5. anndan
6. bon sans
7. jenerasyon
8. anndan
9. anbago
10. deyò
11. anndan
12. Ayiti
13. Ayiti

Paj 238
1. b. bon sans
2. f. Ayiti
3. l. kwatchòkò
4. h. Deyò
5. e. jenerasyon
6. g. Pòtòprens
7. a. Lòtbò dlo
8. j. anndan
9. d. debou
10. k. konsyans
11. c. soufrans
12. m. mazora
13. i. anbago

Paj 239
1. D. mazora
2. B. kwatchòkò
3. A. bon sans
4. D. anbago
5. C. soufrans
6. D. Lòtbò dlo
7. D. jenerasyon
8. A. Ayiti
9. C. Pòtòprens
10. B. konsyans
11. A. debou
12. A. anndan
13. A. Deyò

Repons - Leson 25 - Anbago - Vokabilè

Paj 240
1. jenerasyon
2. kwatchòkò
3. konsyans
4. anbago
5. mazora
6. Ayiti
7. debou
8. Lòtbò dlo
9. Pòtòprens
10. soufrans
11. bon sans
12. anndan
13. Deyò

Lekti Kreyòl - Repons Liv Aktivite 1

REPONS POU AKTIVITE 'RECHÈCH MO'

Paj 5

```
          R E Y A L I Z E
S .
E .
T P I L O T E
E G       P R A N
P . A .
A A . D .
S . S . E N T E R E S E
Y . A E
O . T
N . I
M . S
W . F
E S I
N
```

Paj 11

```
  J R T         P
F E O E O     A I
A L . D V U . S . T
N I     I K J Y       I
A K       Y O O       A
T O P   B T A N U   V
I P I     E     T   Y
K T L E K O L     A O
  E O         J     N
    T           I
                  K
```

Paj 16

```
                  M
                  O
                  U
                  T
S               E
E
P       P
. A     R
T       A
F E M E N   G
        P C   E
        R H S . N S
        E I E . O
        K T     N
        O A     J
        S       E
        Y
        O
        N
```

Paj 22

```
      G I T A
      E         S Y E L
      N
      S . T         V
      T . T W O N B O N . A
      R . S O N           N
      I . A N P I L
      M . P A K O D
A A     E L     F
M N . T . A     L
O       R       I
N       I           T
I       N
              E
              T
```

Paj 27

```
P L E Z I
        G
        R
        A . L
        F   A
      O . G
        N   L
        . Y I
            E S
        Z     N A
      . A         D
      N A M I Z M A N
              M
    P K   I
    G R A V
    T F
    O   W
    N   A
```

Paj 32

```
B             K       S
A             L       A
Y             A       N
              R       T
              I           I
              N
      K     E R
      . O   T E . T A N D E
        U   N
            M . M
            A E
            N
                  S
                  E
```

Lekti Kreyòl - Repons Liv Aktivite 1

Paj 38

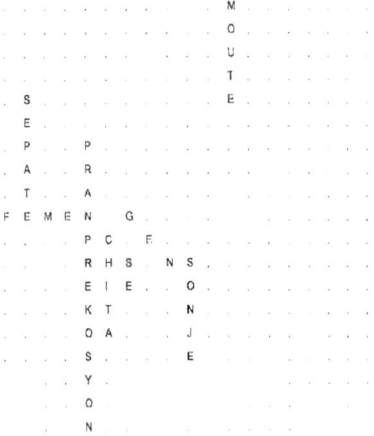

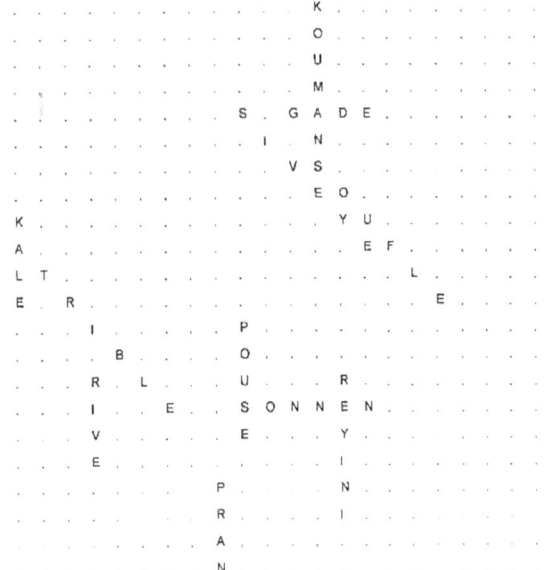

Paj 47

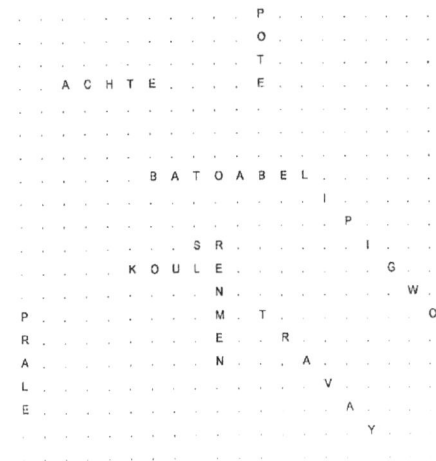

Paj 52

Paj 57

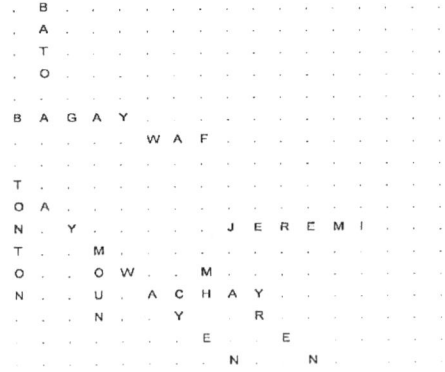

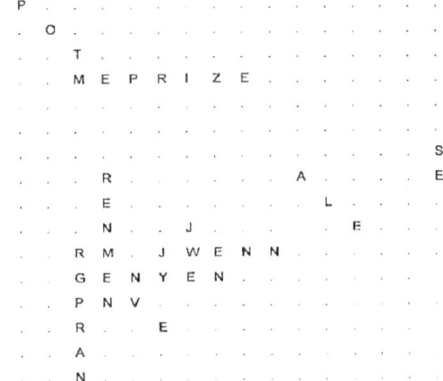

Paj 62

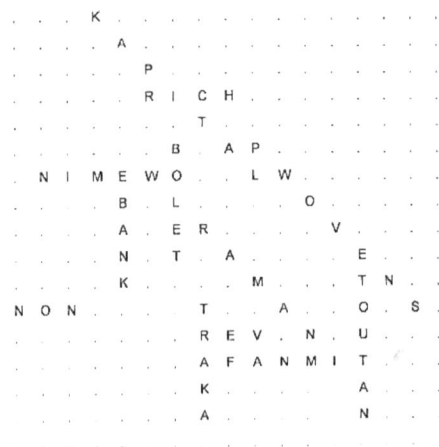

Paj 67

Lekti Kreyòl - Repons Liv Aktivite 1

Paj 77

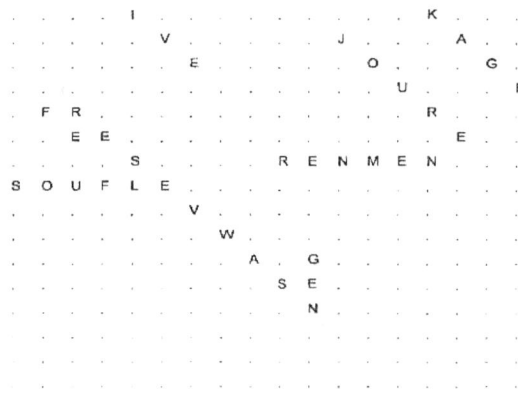

Paj 72

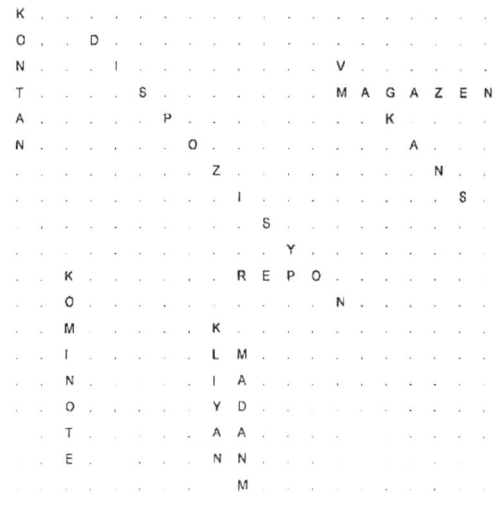

Paj 82

Paj 87

Lekti Kreyòl - Repons Liv Aktivite 1

Paj 92

Paj 101

Paj 107

Paj 113

Paj 118

Paj 123

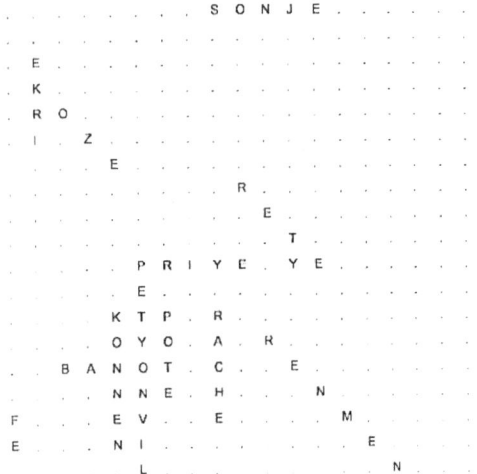

Paj 134

Paj 147

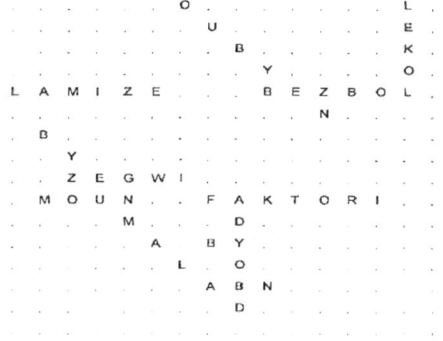

www.ingramcontent.com/pod-product-compliance
Lightning Source LLC
Chambersburg PA
CBHW081025040426
42444CB00014B/3360